FONTAINEBLEAU.
SON CHATEAU,
SA FORÊT ET LES ENVIRONS,
MORET, MELUN.

PARIS,
Chez GARNIER Frères, Libraires, Palais-National.

FONTAINEBLEAU,
Chez tous les Libraires, dans les Hôtels, et chez les Concierges du château.

FONTAINEBLEAU.

Troyes. — Imprimerie ARBOMONT et POIGNÉE.

FONTAINEBLEAU.
SON CHATEAU
SA FORÊT ET LES ENVIRONS,
MORET, MELUN.

DESCRIPTION HISTORIQUE, MONUMENTALE ET PITTORESQUE.

Par Amédée AUFAUVRE.

Prix : 75 cent.

PARIS,
Chez GARNIER Frères, Libraires, Palais-National.

FONTAINEBLEAU,
Chez tous les Libraires, dans les Hôtels, et chez les Concierges du château.

1850

AUX LECTEURS,

On a fait des Guides, des Plans, des Cartes de Fontainebleau et de sa forêt, mais tout le monde sait l'utilité de ces ouvrages pour le voyageur qui passe.

Nous avons essayé de faire autre chose qu'un Itinéraire, dont le but est souvent manqué sur place, et qui, loin du pays, n'a plus d'utilité.

C'est pour cela que nous avons écrit ce livre, espérant que le visiteur y retrouvera avec les faits historiques, un tableau général de ce qui l'aura frappé dans sa course. Un voyage n'est pas seulement un déplacement, c'est surtout une recherche de sensations. Si nous pouvons aider à faire revivre dans l'esprit du lecteur l'image d'impressions fugitives, nous ferons faire à l'imagination le voyage que d'autres auront fait faire à ses jambes. Se souvenir n'est-ce pas revoir?

1.

De Moret à Fontainebleau.

Moret évoque comme un avant goût de l'histoire de Fontainebleau. Les noms que nous allons trouver en marchant sous les chênes, en visitant les roches, les galeries, les appartements, sont les noms qui illustrent Moret.

Louis VII, Charles VI, Charles VII, François Ier, la duchesse d'Etampes, Henri II, Catherine et Marie de Médicis, Henri IV,

Fouquet, le bâtard Antoine de Bourbon, sont les personnages du prologue joué à Moret, en attendant que nous voyions la pièce à Fontainebleau.

Louis VII a bâti le château, Jean Goujon a sculpté la maison de François Ier, la duchesse d'Etampes a fait réparer la maison de la reine Blanche, Henri IV a donné Moret à Jacqueline de Beuil pour subvenir aux dépenses d'un enfant qu'elle en eut. Sa dot parut suffisante pour determiner le marquis de Vardes qui oublia Henri IV et épousa Mlle de Beuil.

Fouquet, ex-propriétaire du château de Vaux qui tomba entre les mains du duc de Praslin, Fouquet, qui tant de fois fit les frais des fêtes de Fontainebleau, fut enfermé dans le château de Moret pour aller de là mourir à Pignerol.

Il y a encore à Moret une de ces cages de fer inventées par le cardinal Labalue pour faire plaisir à Louis XII, et dans l'une desquelles l'inventeur expérimenta l'horreur du supplice qu'il avait imaginé.

L'église est jolie, élégante, d'un bon style; c'est Thomas Beket, archevêque de Cantorbéry qui a consacré l'édifice que remplace aujourd'hui l'église.

Un pont de construction romaine qui traverse le Loing est une preuve matérielle de l'antiquité de la petite ville de Moret; il en est question dans les *Commentaires* de César. Mais elle ne prit d'importance que lorsqu'elle devint frontière des Etats de France et de Bourgogne. Ses fortifications presqu'entières encore aujourd'hui et les vestiges des édifices historiques qu'on y trouve, lui ont conservé une physionomie monumentale et pitoresque qu'on chercherait vainement ailleurs. Moret est aussi, chaque année, pour les artistes installés dans la forêt de Fontainebleau, un but obligé d'excursion.

Il faut dire qu'il n'y a nulle part un assemblage plus varié et cependant plus harmonieux de constructions. — A quelques pas de l'abreuvoir, sur la rive du Loing opposée à la ville, on aperçoit une élégante église gothique qui raccorde ses lignes bien balancées, avec une série de toitures groupées dans cette ordonnance heureuse qu'imagine parfois le hasard. La ville est serrée au flanc par une ceinture de murailles crevassées de meurtrières et dont les deux extrémités se rattachent d'un côté à un bastion ouvert en ogive, et de l'autre à une porte inférieure qui débouche en pleine eau au grand ébahissement de ceux qui supposent qu'une porte de citadelle doit rigoureusement, comme celle d'une maison, aboutir au sol. Autrefois les surprises de la défense s'effectuaient par cette issue; on n'y voit plus maintenant sortir que de pacifiques palfreniers conduisant leurs chevaux au bain. La porte militaire est devenue le vestibule d'un abreuvoir! Un peu en avant, et buttant contre

le bastion, est un pont de pierre qui date de
Jules César d'un côté, et de la féodalité de
l'autre. Entre ces deux monuments séculaires
s'élève une jolie fabrique servant de pivot à
une roue hydraulique dont les aubes font
écumer au passage les eaux du Loing. A
gauche en dominant les remparts, une grosse tour carrée panachée de graminées, et
dont les larges proportions contrastent avec
les délicatesses de l'église, arrête le regard
à l'horizon ; à droite la rivière s'enfonce
dans un paysage fermé par de grands arbres;
çà et là, sur les murs, dans les échancrures
que le temps a faites aux pierres, végètent
ces arbrisseaux des ruines, races vivaces
qui poussent on ne sait comment, la feuille
et la racine au vent. Tel est l'aspect de Moret qui mire avec complaisance ses teintes
brunes dans l'eau limpide répandue à ses
pieds. Nous pourrions pousser plus loin la
description, et d'une esquisse faire un tableau. Nous gagnerions ainsi deux ou trois
pages que Moret vaut bien, mais qui pour

l'étranger ne vaudraient pas un coup-d'œil. Passons donc vite à l'histoire du lieu.

Nous venons de dire qu'au temps de Jules César, Moret, château-fort, existait déjà et qu'il a pris son rang dans les *Commentaires* du proconsul. C'était déjà plus qu'un château quand en 850 il s'y tint un concile. Louis VII y avait une habitation en 1128 ; c'est à peu près de cette époque que date l'importance militaire de Moret. Sa position sur les confins des états de France et de Bourgogne, lui valut des fossés profonds, des fortifications solides et aussi l'inconvénient des sièges. Les Anglais le prirent et le reprirent sous Charles VI.

A Moret, il faut tout voir et tout consulter, pierre à pierre, sans oublier un feuillet de cette vivante histoire archéologique respectée par hasard et dont les richesses sont défendues par la pauvreté municipale. Donnez des ressources à Moret, et demain vous verrez démolir le vieux pont qu'en 1814 la mine fut impuissante à faire sauter ; vous verrez tomber la tour du vieux château de la reine Blanche, démanteler les fortifications, disparaître les portes. Moret est une petite ville en pleine campagne, brunie par le soleil qui brûle son pavé, Moret veut avoir de l'air, comme si l'air lui manquait. il n'y aura donc jamais que les gens en santé pour inventer des maladies ! Faites des vœux pour que Moret reste pauvre.

Voici maintenant Fontainebleau avec ses terrains sablonneux, ses grands arbres, ses hauts taillis ; Thomery est à droite, caché dans les treilles de chasselas qui l'enveloppent comme un berceau ; Fontainebleau est à gauche, à l'extrémité de cette longue avenue.

Grands arbres, sol royalement pavé, lignes droites, tout indique ce que Fontainebleau a été, ce qu'il est ; on sent d'avance qu'on n'arrive pas dans une ville d'industrie, mais au contraire dans un pays de loisirs, habitué de longue main à vivre des largesses monarchiques, et surtout à regarder passer des cortéges. Quand il n'y a ni cour, ni prince, ni président, ni roi, Fontainebleau est désœuvré; aussi les idées républicaines ont-elles beaucoup de mal à y fleurir. Les rois ont tant fait pour ce pays, qu'en conscience on ne lui en veut pas trop d'être reconnaissant; c'est si rare !

Avant de pénétrer dans Fontainebleau, jetons un coup-d'œil sur la voie de fer qui vient de nous amener. C'est l'habile M. Julien qui est l'auteur de ces magnifiques travaux. L'industrie semble avoir voulu rivaliser avec les François, les Henri et les Louis, qui ont fait successivement de Fontainebleau leur maison de plaisance.

Le viaduc biais et courbe de Moret est un travail gigantesque, où la légèreté et la sévérité sont alliés à un degré incroyable; il a cent pieds de haut, neuf cents pieds de long, sans compter un remblais sonsidérable ; il semble jeté comme un trait d'union entre deux montagnes. Plaine, village, rivière, tout cela est dans la vallée au-dessus de laquelle courent les vingt arches du pont de Moret.

En face de Fontainebleau, et comme point de comparaison. un viaduc semblable franchit un vallon et aplanit le terrain. C'est un défi jeté aux rois qui ont eu besoin de tant d'années pour arriver à faire de Fontainebleau, ce *rendez-vous de châteaux*, dont parlait un Anglais en voyant réunis sur un seul point tant de travaux de si divers caractères. L'industrie, elle aussi, est une puissance royale qui sait mettre le luxe à côté du nécessaire, la grandeur à côté du lucre.

Il faut l'avouer, tout est grandiose dans la ligne de Lyon à Paris. Les gares, la voie, les tunnels, les passages à niveau, en dessus, en dessous, sont à eux seuls un beau spectacle : il ne leur manque que le mérite d'avoir vieilli, d'avoir occupé une place dans les pages de l'histoire.

II.

*Les Salles du Château. — Les Chapelles.
Pie VII. — La Salle du Trône. —
Marie-Antoinette. — Henri IV
et l'ambassadeur d'Espagne.
— Louis XIV et Madame
de Maintenon.*

Un nid de pierre dans un flot de verdure, c'est l'expression qui nous semble caractériser Fontainebleau et son site. Avant de deviner la ville, on voit onduler avec ses mille variétés, la forêt chenue qui l'enveloppe. Trente-trois mille arpents de bois et de roches, divisés en cent soixante-treize triages, se découpent le long du ruban vert qui, de Melun au canal de Montargis, déroule ses méandres multipliés. Le tableau à lui seul vaut le voyage. Le feuillage glauque des sapins et des mélèses se découpe au milieu de la gamme variée des essences locales, le sentier fleuri, la roche abrupte, le sable blanc, le grès brun, se succèdent, se croisent sous les pas du promeneur, on se sent dans une contrée d'exception ; le Champenois des landes crayeuses, celui des terrains noirs, l'habitant des rives blanches de l'Aube et des grèves de notre Seine, sont dépaysés ; il leur semble être à une bien plus longue distance.

On conçoit tout de suite que Louis VII ou le roi Robert s'arrêtant au milieu de cette miniature de la création primitive, se soit mis en tête d'avoir un pavillon dans les roches et les chênes de Fontainebleau. Le cerf, le sanglier, le chevreuil, le faisan, la perdrix rouge peuplaient cette forêt druidique où la *pierre levée* se trouvait dressée dès avant le prêtre gaulois.

Fontaine-Belle-Eau, ou de *Bléau,* l'étymologie va d'elle-même. Cependant on a dépensé, comme le font tous les érudits, beaucoup de dissertations, d'encre et de papier, pour revenir au doute dont on était parti. Louis VII, dans une vieille charte de 1169, dit *Fontem Bleaudi, Fontaine Bléau* ou de *Belle Eau,* peu nous importe.

Il reste de Louis VII, la chapelle de Saint-Saturnin ; de Philippe-Auguste, un acte de donation au profit des moines de Franchard ; de Louis IX, un pavillon et la grande chapelle de la Trinité, et depuis ce temps-là jusqu'au seizième siècle, on ne trouve la trace d'aucune construction. Mais François I$_{er}$ arrive, et avec lui, Fontainebleau sort de l'obscurité ; on déblaie, on rase les vieux murs, et l'architecture de la Renaissance élève des échantillons de son élégance dans la forêt où d'autres n'avaient trouvé qu'à chasser. Le

Primatice, Léonard de Vinci, Benvenuto-Cellini, Rosso, Nicolo, Paul Ponce, Serlio, toute la pléïade venant d'Italie, peignant, brossant, scuptant, ciselant, se met à la tâche pour créer le plus beau et le plus curieux du Fontainebleau d'aujourd'hui. François Ier avait *inventé* la cour et les courtisans dans le sens glorieux et fastueux, il fallait bien qu'il fit des appartements pour ses maîtresses et ses parasites! Henri II ne reprit pas seulement la courtisane en titre de son père, il continua ses habitudes et ses traditions.

Charles IX, quand les Huguenots ne sollicitaient plus son arquebuse et ses persécutions, faisait décorer, compléter Fontainebleau. François Ier et Henri II avaient fait bâtir et peindre, Charles IX entretint et s'occupa de la statuaire. Henri IV, quand il eut acheté le royaume de France au prix d'une messe, mit la main à la truelle et fit travailler à Fontainebleau; il doubla presque le château de François Ier, creusa des fontaines, traça, planta le parc, et sillonna la forêt des chemins qui en rendent le parcours si agréable. Louis XIII apporta sa pierre à l'édifice : c'est lui qui fit faire l'église de la ville, assez pauvre recommandation, soit dit en passant ; mais en compensation on lui doit le bel escalier de la cour du Cheval Blanc. Louis XIV fit peu de chose pour Fontainebleau. Louis XV et Louis XVI, au lieu d'ajouter, détruisirent la galerie d'Ulysse et la célèbre galerie des Cerfs.

La révolution passa sur Fontainebleau sans l'endommager, mais sans y rien exécuter : ce n'est pas dans les tourmentes que les arts peuvent prospérer ; la lutte a son œuvre comme la paix a la sienne ; l'ennemi était aux frontières : quatorze armées recrutées à la charrue, à l'atelier, disent assez à quoi la nation passait son temps.

Napoléon apparaît à son tour pour mettre la main à l'œuvre de Fontainebleau, le remeubler, le réparer, notamment du côté de la cour du Cheval-Blanc, où il devait plus tard faire ses adieux à la France.

Louis XVIII termina la galerie de Diane. Charles X gagna Cherbourg sans avoir laissé un souvenir à Fontainebleau.

Louis-Philippe a eu le mérite de réparer la plus grande partie du château, et d'y dépenser au profit de l'art, de l'artisan et du touriste, des sommes importantes. En laissant de côté les questions politiques qui n'ont rien à voir ici, nous devons constater que sans Louis-Philippe, les créations de François Ier eussent toutes été perdues, et c'eut été pour l'art et le voyageur, une perte irréparable.

Voilà, en peu de lignes, l'histoire de Fontainebleau, mais les épisodes et les détails abondent; chaque mur a son secret, chaque salle a son drame politique, sa chronique d'amour, de plaisir et de fête; il n'est pas un coin de ce palais merveilleux où l'on ne respire tout à la fois le sang et les fleurs, où les larmes ne se trouvent mêlées aux sourires, où à côté des scènes voluptueuses et libertines dont François Ier, Henri II, Henri III, Louis XIV, Diane de Poitiers, la duchesse d'Etampes, le duc de Guiche, Lavallière, Maintenon, Gabrielle d'Estrées, ont été les principaux personnages, ne se place quelqu'acte fertile en conséquences sinistres : *la Révocation de l'Edit de Nantes, l'Abdication de Napoléon, le Meurtre de Monaldeschi, le Départ de Gabrielle d'Estrées pour la maison du banquier Zamet.*

Nous voudrions pouvoir nous étendre à loisir sur chacun de ces souvenirs en parcourant Fontainebleau ; malheureusement ce n'est qu'une promenade dont nous racontons en causant les impressions. Marchons donc en avant ; dans la course, nous aurons toujours le loisir de jeter un croquis.

La cour du *Cheval-Blanc* s'ouvre ; on la reconnaît sans l'avoir vue. C'est là que Na-

poléon a embrassé ses aigles et serré la main de ses généraux. Que nous importe que Catherine de Médicis ait fait mouler un cheval de plâtre sur celui de Marc-Aurèle pour en orner la cour ! Ne voyez-vous pas, en esprit, s'avancer l'homme du Destin au milieu de ce carré de vieux braves, pleurant comme des conscrits. Le beau cadre pour une pareille scène! L'empereur descend l'escalier de Louis XIII, foule le sol où les Médicis ont marché, où Charles-Quint a donné la main à François Ier, l'empereur descend en face de cette longue suite de pavillons qui ont vu passer tant de siècles, et se sépare de ce drapeau qu'il a illustré sur les champs de bataille du monde européen. On dirait que la proclamation, burinée par l'histoire, vibre encore à l'oreille; on entend flotter dans l'air ses dernières paroles : « Adieu mes enfants, je vou-
« drais vous presser tous sur mon cœur ;
« que j'embrasse au moins votre drapeau....

La cour de la Fontaine a beau se présenter avec le miroir de l'étang, celle du Donjon rappelle vainement qu'elle date de St-Louis, dont on voit encore le pavillon ; que Louis XIII y a été baptisé; la Cour des Offices, toute tapissée de gazon, possède, il est vrai, un portail : la cour des princes a été occupée par le prince de Condé et le duc de Bourbon; mais tout cela s'efface et s'oublie quand on se rappelle l'épilogue du drame impérial. Un gardien pris à l'antichambre où il a fallu donner sa signature, sur un registre qui doit renfermer une immense collection d'autographes, vous conduit et pénètre avec vous dans les appartements ; si vous paraissez devoir être généreux, ce cicérone officiel sera plein de complaisance et de prolixité, il vous dira toute la litanie qu'il a apprise dans les loisirs de son surnumérariat ; dans ce pêle-mêle, tout n'est pas à dédaigner, il est des gardiens qui racontent fort agréablement l'anecdote.

Le premier appartement qui déroule ses huit pièces rappelle Napoléon ; en 1809 les sœurs de l'empereur y furent logées ; des tentures en soie de Lyon, des paysages de Cabat, de Crépin et de Bidault sont suspendus aux murs ; depuis les sœurs de Napoléon, la famille de Berri, Léopold (de Belgique) le plus intelligent et le plus digne des rois constitutionnels; celui qui sait le mieux le nécessités de la position, et la famille de Nemours ont occupé cet appartement qui ne donne qu'une idée imparfaite des merveilles qui attendent le curieux. Voici en effet la *galerie des Fresques*, peintures d'Ambroise Dubois, et au pourtour, une collection d'assiettes de porcelaine enchassées dans le lambris. Les fresques sont de l'idée d'Henri IV, les assiettes sont une fantaisie de Louis-Philippe qui a fait peindre tous les sites du voisinage sur des échantillons de la fabrique de Sèvres.

Les murs vont parler maintenant, autrement que par le pinceau des artistes, et l'aiguille des tapissiers des Gobelins ; nous n'entrons pas seulement dans un logis princier, nous entrons aussi dans l'histoire. C'est la figure de Pie VII qui se dessine tout d'abord. En 1812, Pie VII occupa ce qu'on appelait sous Louis Philippe l'appartement du prince royal. Le *Concordat* fut médité et conclu dans cette salle où la plus grande puissance spirituelle fut prisonnière de la plus grande puissance militaire de l'époque, entre ces quatre murs enrichis, il est vrai, de toutes les merveilles de l'art, mais qui n'en étaient pas moins ceux d'une prison. Les tapisseries, les tableaux, les marbres, les bronzes, les dorures, les ciselures, couvrent du parquet au plafond, cette enfilade de dix pièces, qui reclameraient un commissaire-priseur pour être décrites,

Breughel, Mignard, Coypel, Lancret arrêtent les regards au milieu d'une foule d'autres artistes, jusqu'à ce que l'on atteigne la grande antichambre, musée de 24 tableaux où se rencontrent Boucher, Poussin, Lagrenée, Horonois; puis ce sont les grands appartements, avec la chapelle de la Trinité, peinte à fresque par Martin Freminet, et richement ornée ; il manque à cette chapelle d'être restaurée comme l'ont été les grandes salles. C'est Henri IV qui a fait les frais de l'ornementation. François Ier avait construit la cage, mais ses successeurs n'avaient rien fait pour l'orner. Un jour un ambassadeur espagnol est reçu par Henri IV qui donne audience en lui faisant visiter le château. Chaque pièce arrache à l'envoyé de la péninsule ibérique une exclamation admirative; Henri IV riait de ce large rire que lui donnent les récits populaires et les portraits, quand on arriva à la chapelle de la Trinité.

— Tout ce que nous avons vu est fort beau, Sire, dit l'Espagnol ; mais avouez que les hommes sont mieux logés chez vous que Dieu.

— Vous vous trompez *senor*, répliqua le Béarnais sans se déconcerter ; chez vous il est logé dans les maisons ; chez nous, il est là, dit-il, en se frappant la poitrine.

La leçon ne fut cependant pas perdue, et bientôt Martin Fréminet couvrait de fresques les murailles nues de la chapelle de la Trinité.

De la prière à l'amour, du recueillement à la volupté il n'y a qu'un pas, seulement, quelquefois, l'épaisseur d'une cloison à Fontainebleau. De la chapelle on arrive à la galerie de François 1er. Des Salamandres sont au plafond, des chiffres peu pudiques étalent aux yeux les transparents mystères de la couche de Diane; des *Vénus,* des *Psyché,* des *Cupidon, l'enlèvement d'Europe* et celui d'*Amphitrite,* enfin toute la légende sensuelle fêtée passionnément par les Valois et les Bourbons de la branche ainée

Il parait que tous ces torses féminins, ces nudités si peu de nature à entretenir la continence, sont des sujets pleins de pudeur à côté de ceux qu'Anne d'Autriche fit effacer et brûler vers 1643. On estime à plus de cent mille écus la valeur des peintures détruites alors. Eu égard au temps et au prix, c'est un million, en chefs-d'œuvre, que la mère de Louis XIV a fait perdre à Fontainebleau. Les bonnes mœurs ont reçu là un hommage un peu coûteux.

Après la galerie vient l'appartement royal, composé de donze pièces toutes plus riches qu'élégantes, plus somptueuses qu'intéressantes. La petite salle de bains avec ses amours dansants sur glace, la salle du conseil décorée toute entière par Boucher, le peintre des amours bouffis et ces nudités rosées, retiennent le regard plus volontiers que la salle du trône.

La salle du trône! Qu'estce aujourd'hui? — Qu'était-ce sous Louis-Philippe, sans noblesse sans courtisans, sans suite? Une collection de tabourets dominés par un fauteuil de notaire et dont la dorure est tout le mérite. Nous nous faisions une autre idée d'un trône. Décidément c'est bien comme on l'a dit quatre morceaux de bois vermoulu. Depuis

la révolution de 1789, depuis qu'il n'y a plus
ni féodalité ni droit divin, la cour a cessé
d'être avec les privilèges qui en faisaient l'injustice et l'éclat. Napoléon n'a pas pu faire
revivre la grande et puissante royauté. Qui
oserait l'essayer après lui? Le peuple, —
Mais ce roi-là n'a besoin ni de trône ni de
gardes. Nous parlons de Napoléon, tenez,
voici un cabinet où se trouve un meuble bien
précieux; c'est une petite table dont un marchand ne donnerait pas trois francs: elle vaut
mieux cependant que les plus beaux bahuts
d'ivoire et d'ébène de François Ier. Napoléon a
signé là-dessus son abdication. Cette abdication, en voici le *fac simile* entre les deux fenêtres. Quand il eut écrit cela, le vainqueur
d'Austerlitz et de Marengo, il était redevenu
Bonaparte, et la Sainte-Alliance avait ramené les Bourbons. Rapprochez ce fait de l'audience donnée en 1807 par l'empereur aux
ambassadeurs d'Espagne et de Portugal, et
voyez comme en sept ans les évènements et
les puissances changent d'aspect. Il s'agissait

du blocus continental. Quand les ambassadeurs parurent, Napoléon leur dit : « Si dans un mois vos gouvernements n'ont pas cessé « toute relation avec l'Angleterre, dans un « mois une armée française entrera dans la « Péninsule. » Le fait se vérifia, et Dieu sait quelles conséquences il eut !

Nous marchons dans les contrastes; à côté de cette de cette salle est le boudoir de Marie-Antoinette, qui, en 1780, ne pensait guère à 1793. Louis XVI a forgé les espagnolettes des fenêtres du boudoir. Que n'a-t-il pas donné sa démission de roi pour ne faire que de la serrurrie! C'eût été un artisan accompli : malheureusement la naissance en avait fait un roi, le dernier de la féodalité et du droit divin, un exemple et une victime sacrifiée à l'avènement de la liberté; passons, le tableau qui suit est plus gai. C'est la galerie de Diane, construite sous Henri IV et peinte par Amboise Dubois. Henri IV refait François Ier; Gabrielle d'Estrées prend la place de Diane de Poitiers : son chiffre est partout, sa figure est celle de cette chasseresse qui passe. Mais les mots s'accumulent, le récit s'allonge et la prolixité peut fatiguer l'intérêt, et il y a tant de choses à indiquer encore! Les appartements de réception s'ouvrent; salle sur salon, salon sur galerie, antichambre sur escalier; c'est encore cette fois comme auparavant: de la peinture, de l'or, de la soie, du marbre, de l'ébène, jetés à profusion par la main des artistes; on ne peut pas décrire, et la place et l'envie nous manquent pour faire un catalogue; signalons cependant la salle des Gardes où tout est merveilleux du parquet au plafond; dans le petit salon est le portrait de Diane de Poitiers; on comprend, en voyant cette beauté, ces cheveux fins et soyeux, ce regard voluptueux, cette peau nacrée, cette gorge modelée comme un marbre grec, que François Ier et Henri II aient abusé de l'absolutisme royal pour semer l'or arraché aux labeurs du peuple. Quand il ne faut que vouloir pour pouvoir, les passions ont de belles chances d'être satisfaites.

A deux pas est un autre scandale du roi François, qui punissait si sévèrement la polygamie; c'est la chambre à coucher de la duchesse d'Etampes, une des innombrables maîtresses de celui qui a écrit pour les femmes ce qu'il eut parfaitement pu écrire pour les hommes : *Souvent femme varie, bien fol est qui s'y fie.* De la chambre de la duchesse, Louis XV a fait un escalier. — Encore de la volupté! mais cette fois elle ne va pas avec la tunique aux épaules, le sein au vent, la jambe passant par une robe ouverte; elle a un chapelet à gros grains, un livre d'heures, un bénitier. Mme de Maintenon la personnifie. La veuve Scarron a habité trois pièces, qui la révèlent tout entière; c'est tranquille, discret, isolé, et les alcôves ont un demi-jour dans lequel on ne peut voir si la dévotion, en partie de débauche, sait rougir encore. Louis XIV, faible, vieux, dégénéré, y a signé la révocation de l'Edit de Nantes, qui jeta hors de France tant de protestants, que recueillirent l'Amérique et l'Angleterre. La plume catholique de

Louis XIV conduite par la main d'une courtisane de confessionnal ! Le monde chrétien a du se trouver bien édifié !

III.

La grande Salle de Bal. — Diane et Catherine de Médicis. — Christine et Monaldeschi. — Louis XV et Louis IX.

La merveille du château est sans contredit la salle de Henri II, plus connue sous le nom de *grande salle de bal* : quatre-vingt-dix pieds de long sur trente de large ; vingt fenêtres dont chaque embrasure suffirait aisément à un quadrille de vingt-quatre personnes ; voilà pour les dimensions. Quant à l'aspect, on ne saurait rien imaginer de plus brillant ni de plus riche. La majesté et la grâce, l'élégance et la splendeur se combinent de façon à n'éveiller que l'admiration ; l'or et la peinture, le bois et la pierre n'ont jamais revêtu de formes plus attrayantes. Dans cette salle neuve, si neuve qu'on dirait que la brosse de Rosso et de Primatice viennent d'en terminer les fresques : on croit voir à tout instant la porte s'ouvrir, Henri et Diane entrer, suivis de dames et de seigneurs : on est bien là au milieu du seizième siècle, on respire le parfum de ses licences et de ses galanteries. La Renaissance n'a pas seulement semé le paganisme sur les frises, elle l'a introduit dans les mœurs. Il y a loin du pourpoint de satin de Henri II à la casaque de croisé de Louis IX ; de la gorge provoquante de la duchesse d'Etampes à la chaste et sévère figure de Blanche de Castille. Les rois trés-chrétiens ne combattent plus guère le Sarasin, et les loisirs de la guerre appartiennent moins au confessionnal qu'au tournoi ; les pélerinages de Terre-

Sainte ont fait place à des voyages dans le pays du Tendre, comme eut dit Mlle de Scudery ; mais si la foi n'envoie plus personne en Palestine, pourquoi y a-t-il si loin de Grégoire IX à Léon X ?

Après tout, l'art n'y a rien perdu, et il n'est pas bien prouvé que les hommes valussent mieux sous Philippe-Auguste que sous François Ier. En effet, la Saint-Barthelemy et les dragonnades des Cévennes sont les deux dernières dettes à payer par le fanatisme pour arriver à la tolérance, dont l'efflorescence artistique est le signe précurseur.

Dans la grande salle de bal, les amours licencieuses de Henri II et de Diane s'étalent avec une complaisante ingénuité ; le chiffre du roi, enlacé dans celui de sa maîtresse, découpe ses contours dorés sur les plafonds, sur les murs ; il a brillé à l'œil tolérant, et pour cause de Catherine de Médicis. Combien de femmes supporteraient cela aujourd'hui ? elles, qui ont volontiers la prétention d'être reine chez elles.

Où le signe alphabétique ne peut se produire, la fiction prend sa place ; c'est le croissant d'argent, c'est Diane chasseresse, Diane aux enfers, Diane partout, avec des daims, des cerfs, des flèches, avec Cupidon et Vénus ; il semblait qu'on ne permît à personne d'ignorer ce qui se passait dans la royale alcôve.

Primatice est le dessinateur des neuf pages murales qui couvrent la grande salle ; Nicolo en est le peintre ; 54 panneaux de la même imagination, de la même main, complètent cette décoration. Le plafond a 27 cadres avec frises, corniches, architraves, et tout cela est à fonds d'argent, à filets d'or, et lance d'éblouissants éclairs quand un rayon de soleil glisse sa lumière éclatante dans les profils de ces caissons.

Le parquet est un chef-d'œuvre de menuiserie ; il répète dans ses lignes, les lignes du plafond ; c'est à peine si l'on ose marcher sur cette marqueterie luisante et finie comme un meuble de Boule.

Enumérer les sujets qui couvrent les murs de cette splendide salle serait impossible : vous figurez-vous cette peinture, cet or, ce chêne luisant, ces saillies illuminés par les lustres d'un bal donné par la femme inspiratric ede ces féeries !

Passons, en jetant un coup-d'œil, sur cet Hercule combattant le sanglier d'Erymanthe; Hercule c'est François Ier; Erymanthe, Fontainebleau, la fable, ici, est de l'histoire comme ce panneau où un gentilhomme tue un loup cervier. Condamné à mort, le chasseur obtint sa grâce après ce signalé service.

L'oratoire de Louis VII à côté de la salle de bal, le Christ près du chiffre amoureusement enlacé de Henri et de Diane; la chapelle de St-Saturnin qui limite la grande galerie de la maîtresse du roi ! Il y a un monde de contrastes dans ce voisinage, c'est comme le repentir après le péché.

C'est Louis VII qui a fait faire ce retrait sombre où l'âme s'attriste et se recueille pour méditer sur le néant.

Où sont ces riantes figures, ces dents blanches, ces épaules satinées parcourues par des regards libertins. La chapelle de St-Saturnin est la morale de la grande salle de Bal. — Pie VII, un exemple des vissicitudes humaines et princières a dit la messe sur cet autel ; Marie d'Orléans, duchesse de Wurtemberg a dessiné ces vitraux.

Mais si la chapelle de St-Saturnin est la morale, la chapelle Haute est le digne complément de la salle de Henri II ; en face de la croix, en face du triangle divin s'épanouit le chiffre lascif de cette prostituée royale qui a changé d'amant sans changer de lit. Napoléon a fait de cette chapelle une bibliothèque, il faut lui en savoir gré. — La galerie des colonnes, addition peu originale du chef de Louis-Philippe ne vaut pas un coup-d'œil à côté de la salle de Henri II ; citons la Porte-Dorée où brillent plus que l'or, les fresques de Nicolo ; le vestibule de St-Louis dans le style gothique ogival, et arrêtons nous dans une des pièces les plus simples, les plus oubliées des petits appartements.

Nous ne voulons vous rien raconter de Marie-Louise qui y habita, ni des princesses Adélaïde et Clémentine qui la remplacèrent; c'est un souvenir funèbre, une page tachée de sang, que nous allons déchirer au livre de l'histoire de Fontainebleau. Ces douze pièces occupent l'emplacement de la galerie des Cerfs. Au bas de la fenêtre de l'une d'elles sont écrits ces mots, plus lugubres à lire que l'inscription d'un monument funèbre; ce n'est pas seulement une constatation, mais le cri vengeur d'un victime contre l'assassin impuni :

C'EST PRÈS DE CETTE FENÊTRE QUE MONALDESCHI
FUT TUÉ
PAR ORDRE
DE CHRISTINE, REINE DE SUÈDE,
LE 10 NOVEMBRE 1657.

Christine ! Tout le monde sait son roman par cœur. Errant de royaume en royaume, elle arrive en France vers 1657, et demande à Louis XIV l'hospitalité ; Fontainebleau lui est donné pour résidence, et la femme, dont la vertu, la couronne et la foi sont jetés au vent du vice, du hasard et de l'incrédulité, s'établit avec celui qu'elle traînait à sa suite, Monaldeschi, son écuyer, celui qui pour elle était une trilogie vivante, confident, amant et ministre.

Avec l'écuyer dont elle était la maîtresse, Christine avait l'écuyer dont elle était le maître; celui-ci était jaloux de celui-là par envie, comme Christine était jalouse de son amant par passion ; on nommait l e dernier Sentinelli.

Monaldeschi avait des torts qu'une femme ne pardonne jamais, il avait partagé le cœur que Christine voulait posséder seule ; la rivale était une italienne à laquelle il confiait les intérets de sa royale maîtresse, secrets d'Etat, secrets de beauté, avec critiques et réflexions ironiques et tout cela par écrit ? Les lettres du marquis de Monaldeschi furent remises à Christine par cette italienne qui, peut-être aussi, avait quelques injures à venger, pendant que la reine était à Fontainebleau, et voici comment la reine vengea la femme d'Etat trahie et la maîtresse blessée.

Qu'on nous permette de donner la parole au confesseur de Monaldeschi, le père Lebel, ministre de l'ordre des Trinitaires du couvent de Fontainebleau, qui raconte avec gravité et émotion la terrible scène dont il a été témoin.

« Le 6 novembre 1657, à neuf heures et un quart du matin, la reine de Suède étant à Fontainebleau, logée à la conciergerie du château, m'envoya quérir par un de ses valets de pied. Il me dit qu'il avait l'ordre de Sa Majesté de me mener parler à elle, en cas que je fusse le supérieur du couvent. Je lui répondis que je l'étais, et je lui dis que je m'en allais avec lui pour savoir la volonté de Sa Majesté suédoise. Ainsi, sans chercher de compagnon, de crainte de faire attendre cette reine, je suivis ce valet de pied jusqu'à l'antichambre. On m'y fit attendre quelques moments. A la fin, le valet de pied étant revenu, il me fit entrer dans la chambre de la reine de Suède. Je la trouvai seule, et lui ayant rendu mes respects et mes soumissions très humbles, je lui demandai ce que Sa Majesté désirait de moi, son très-humble serviteur.

« Elle me dit que pour parler avec plus de liberté, j'eusse à la suivre ; et étant entrée dans la galerie des cerfs, elle me demanda si elle ne m'avait jamais parlé. Je lui répondis que j'avais eu l'honneur de faire la révérence à S. M. et de l'assurer de mes très-humbles obéissances, et qu'elle avait eu la bonté de m'en remercier, et non autres choses, sur quoi cette reine me dit que je portais un habit qui l'obligeait à se fier en moi, et me fit promettre, sous le sceau de la confession du gardien, de tenir le secret qu'elle me voulait découvrir. Je fis réponse à S. M. qu'en matière de secret, j'étais naturellement aveugle et muet, et que l'étant à l'égard de toutes sortes de personnes, à plus forte raison je devais l'être pour une princesse comme elle, et j'ajoutai que l'écriture sainte dit que : *sacramentum regis abscondere bonum est.*

« Après cette réponse, elle me chargea d'un paquet de papier cacheté en trois endroits, sans aucune souscription, et me commanda de le lui rendre en présence de qui elle me le demanderait ; ce que je promis à S. M. suédoise. Elle me recommanda ensuite de bien observer le temps, le jour l'heure et le lieu où elle me donnait ce paquet ; et, sans autres entretiens, je me retirai avec le paquet, et laissai cette reine dans la galerie.

« Le samedi, dixième jour du mois de novembre, à une heure après midi, la reine de Suède m'envoya quérir par un de ses valets de chambre, lequel m'ayant dit que S. M. me demandait, j'entrai dans un cabinet pour prendre le paquet dont elle m'avait chargé, dans la pensée que j'eus qu'elle m'envoyait quérir pour le lui rendre. Je suivis ce valet de chambre, lequel m'ayant mené par la porte du Donjon, me fit entrer dans la galerie des Cerfs, et aussitôt que nous fumes entrés, il ferma la porte avec tant d'empressement, que j'en fus un peu étonné, ayant aperçu vers le milieu de la galerie la reine qui parlait à un de sa suite, qu'on appelait le marquis (j'ai appris depuis que c'était le marquis de Monaldeschi), je m'approchai de cette princesse, après lui avoir fait la révérence. Elle me demanda, d'un ton de voix assez haut, en la présence de ce marquis et de trois autres hommes qui y étaient, le paquet qu'elle m'avait confié. Deux des trois étaient éloignés de la reine de quatre pas, et le troisième assez près de Sa Majesté. Elle me parla en ces termes : « Mon père, rendez-moi le paquet que je vous ai donné. » Je m'approche, elle lui présente. Sa Majesté l'ayant pris et considéré quelque temps, l'ouvrit et prit les lettres et les écrits qui étaient dedans. Elle les fit voir et lire au marquis, lui demandant d'une voix grave et d'un port assuré s'il les connaissait bien.

« Ce marquis les dénia mais en pâlissant. « Ne voulez-vous pas reconnaître ces lettres et ces écrits ? » lui dit-elle ; n'étant à la vérité que des copies que cette reine elle-même avait transcrites. Sa Majesté suédoise ayant laissé songer quelque temps ledit marquis sur ces copies, elle tira de dessus elle les originaux, et les lui montrant, l'appela traître, et lui fit avouer son écriture et son seing. Elle l'interrogea plusieurs fois, à quoi ce marquis s'excusant, répondait du mieux qu'il pouvait, rejetant la faute sur diverses personnes. Enfin, il se jeta aux pieds de cette reine, lui demandant pardon. Et en même temps les trois hommes qui étaient là présents, tirèrent leurs épées hors du fourreau, et ne les remirent qu'après avoir exécuté le marquis. Il se releva et tira cette reine à un coin de la galerie, et tantôt à un autre, la suppliant toujours de l'entendre et de recevoir ses excuses. Sa Majesté ne lui dénia jamais rien et l'écouta avec une grande patience ; sans que jamais elle témoignât la moindre importunité, ni aucun signe de colère.

« Aussi, se tournant vers moi lorsque ce

marquis la pressait le plus de l'écouter et de l'entendre. « Mon révérend père, me dit-elle, voyez et soyez témoin (s'approchant du marquis, appuyée sur un petit bâton d'ébène à la poignée ronde) que je ne projette rien contre cet homme, et que je donne à ce traître et à ce perfide tout le temps qu'il veut et plus qu'il n'en saurait désirer d'une personne offensée, pour se justifier s'il peut. »

« Le marquis, pressé par cette reine, lui donna des papiers et deux ou trois petites clefs liées ensemble qu'il tira de sa poche, de laquelle il tomba deux ou trois pièces d'argent ; et après une heure et plus de conférence, ce marquis, ne contentant pas cette reine par ses réponses, Sa Majesté s'approcha un peu de moi, et me dit d'une voix assez élevée, mais grave et modérée : Mon père je me retire et je vous laisse cet homme ; disposez-le à la mort et ayez soin de son âme. Quand cet arrêt eut été prononcé contre moi, je n'aurais pas eu plus de frayeur et à ces mots, le marquis se jetant à ses pieds, et moi de même pour ce pauvre marquis, elle me dit qu'elle ne le pouvait pas, et que ce traître était plus coupable et criminel que ceux qui sont condamnés à la roue ; qu'il savait bien qu'elle lui avait communiqué, comme à un fidèle sujet, ses affaires les plus importantes et ses plus secrètes pensées ; outre qu'elle ne lui voulait point reprocher les biens qu'elle lui avait faits, qui excédaient ceux qu'elle eût pu faire à un frère, l'ayant toujours regardé comme tel, et que sa conscience seule lui devait servir de bourreau.

Après ces mots, S. M. se retirant, me laissa avec ces trois personnes qui avaient leurs épées nues dans le dessein d'achever cette exécution. Après que cette reine fut sortie, le marquis se jeta à mes pieds et me conjura avec instance d'aller auprès de S. M. pour obtenir son pardon. Ces trois hommes le pressaient de se confesser avec l'épée contre les reins, sans pourtant le toucher; et moi, avec les larmes à l'œil, je l'exhortais de demander pardon à Dieu ; le chef des trois partit pour aller vers S. M. lui demander pardon et implorer sa miséricorde pour le pauvre marquis ; mais revenant triste de ce que sa maîtresse lui avait commandé de se dépêcher, lui dit en pleurant : Marquis, songez à Dieu et à votre âme, il faut mourir ! A ces paroles, comme hors de lui, ce marquis se jeta une seconde fois à mes pieds me conjurant de retourner encore une fois vers la reine, pour tenter la voie du pardon et de la grâce ; ce que je fis ; et ayant trouvé S. M. dans sa chambre avec un visage serein et sans aucune émotion, je m'approchai d'elle, me laissant tomber à ses pieds; les larmes aux yeux et les sanglots au cœur, e la suppliai par les douleurs et les plaies de Jésus-Christ de faire miséricorde et grâce à ce marquis. Cette reine me témoigna être fâchée de ne pouvoir accorder ma demande après la perfidie et la cruauté que ce malheureux lui avait voulu faire endurer en sa personne, après quoi il ne devait jamais espérer rémission, ni grâce; et me dit que l'on en avait envoyé plusieurs sur la roue qui ne l'avaient pas tant mérité que ce traître.

» Voyant que je ne pouvais rien gagner par mes prières sur l'esprit de cette reine, je pris la liberté de lui représenter qu'elle était dans la maison du roi de France, et qu'elle prît bien garde à ce qu'elle allait faire exécuter, et si le roi le trouvait bon. Sur quoi S. M. me fit cette réponse, qu'elle prenait Dieu à témoin si elle en voulait à la personne de ce marquis, et si elle n'avait pas déposé toute haine, ne s'en prenant qu'à son crime et à sa trahison, qui n'auraient jamais de pareil et qui touchaient tout le monde, outre que le roi de France ne la logeait pas dans sa maison comme captive réfugiée; qu'elle était maîtresse de ses volontés pour rendre et faire justice à ses domestiques en tous lieux et en tout temps, ajoutant que ce qu'elle faisait n'était pas sans exemple. Et quoique je répartisse à cette reine qu'il y avait quelque différence ; que si les rois avaient fait des choses semblables ç'avait été chez eux, mais non ailleurs : je n'eus pas plutôt dit ces paroles que je m'en repentis, craignant d'avoir trop pressé cette reine ; partant je lui dis encore : Madame, dans l'estime que vous vous êtes acquise en France, et dans l'espérance que tous les bons Français ont de votre négociation, je supplie très-humblement Votre Majesté, d'éviter que cette action (quoiqu'à l'égard de Votre Majesté, Madame, elle soit de justice) ne passe néanmoins dans l'esprit des hommes pour violente et pour précipitée ; faites encore un acte généreux et de miséricorde envers ce pauvre marquis ; ou du moins mettez-le entre les mains de la justice du roi et lui faites faire son procès dans les formes ; vous en aurez toute la satisfaction et conserverez, Madame, par ce moyen, le titre d'admirable que vous portez en toutes vos actions parmi les hommes. — Quoi ! mon père, me dit cette reine, moi en qui doit résider la justice absolue et souveraine sur mes sujets, me voir réduite à solliciter contre un traître domestique, dont les preuves de son crime et de sa perfidie sont en ma puissance, écrites et signées de sa propre main ! — Il est vrai, Madame, lui dis-je, mais Votre Majesté est partie intéressée: Cette reine m'interrompit, et me dit : Non, non, mon père, je le ferai savoir au roi; retournez et ayez soin de son âme, je ne puis en conscience accorder ce que vous me demandez ; et ainsi me renvoya ; mais je connus à ce changement de voix en ses dernières paroles, que si cette reine eût pu différer l'action et changer le lieu, qu'elle l'eût fait indubitablement; mais l'affaire était trop avancée pour prendre une autre résolution, sans se mettre en danger de laisser échapper ce marquis, et mettre sa propre vie au hasard.

»Dans ces extrémités, je ne savais que faire, ni à quoi me résoudre; de sortir, je ne pouvais, et quand je l'aurais pu, je me voyais engagé par un devoir de charité et de conscience à secourir ce marquis, pour le disposer à bien mourir. Je rentrai donc dans la galerie, et embrassant ce pauvre malheureux qui se baignait en larmes, je l'exhortai, dans les meilleurs termes et les plus pressans qu'il me fut possible, qu'il plût à Dieu de m'inspirer, de se résoudre à la mort, de songer à sa conscience, puis-qu'il n'y avait plus dans ce monde d'espérance de vie pour lui, et souffrant sa mort par la justice, il devait en Dieu seul jeter ses espérances pour l'éternité, où il trouverait ses consolations.

»A cette triste nouvelle après avoir poussé deux ou trois grands cris, il se mit à genoux à mes pieds, m'étant assis sur un des bancs de la galerie, et commença sa confession; mais l'ayant bien avancée, il se leva à deux fois, et s'écriait au même instant. Je lui fis faire les actes de foi, renonçant à toutes pensées contraires. Il acheva sa confession en latin, français et italien, ainsi qu'il ne pouvait mieux expliquer dans le trouble où il était : l'aumônier de cette reine arriva comme je l'interrogeais en l'éclaircissement d'un doute; le marquis l'ayant aperçu sans attendre l'absolution, alla à lui espérant en sa faveur; ils parlèrent bas assez long-temps ensemble, se tenant les mains et retirés en un coin; et après leur conférence finie, l'aumônier sortit, et emmena avec lui le chef des trois commis pour cette exécution; et un peu après l'aumônier dehors l'autre revint seul, et lui dit : Marquis, demandez pardon à Dieu, car sans plus tarder il faut mourir : es-tu confessé? En lui disant ces paroles, le presse contre la muraille du bout de la galerie, où est la peinture Saint-Germain, et je ne pus si bien me détourner que je ne visse qu'il lui porta un coup dans l'estomac du côté droit; et ce marquis le voulant parer, prit l'épée de la main droite, dont l'autre en la tirant lui coupa trois doigts, et l'épée demeura faussée, et pour lors il dit à un autre qu'il était armé dessous; comme, en effet, il avait une cotte de mailles qui pesait neuf à dix livres, et le même à l'instant, redoubla le coup dans le visage, après lequel ce marquis cria : Mon père! mon père?

« Je m'approchai de lui, et les autres se retirèrent un peu à quartier, et, un genoux en terre, demanda pardon à Dieu, et me dit encore quelques choses, où je lui donnai l'absolution avec la pénitence de souffrir la mort patiemment pour ses péchés, pardonnant à tous ceux qui le faisaient mourir; laquelle reçue, il se jeta sur le carreau, et en tombant un autre lui donnant un coup sur le haut de la tête, qui lui emporta des os, et étant étendu sur le ventre, faisait signe et marquait qu'on lui coûpat le col, et le même lui donna deux ou trois coups sur le col sans lui faire grand mal, parce que la cotte de mailles, qui était montée avec le col du pourpoint, para et empêcha l'accès des coups : cependant je l'exhortai de se souvenir de Dieu, d'endurer avec patience, et autres choses semblables. En ce temps là, le chef vint me demander s'il ne le ferait pas achever; je le rambarrai rudement et lui dit que je n'avais pas de conseil à lui donner là dessus, que je demandais sa vie et et non pas sa mort; sur quoi il demanda pardon et confessa qu'il avait eu tort de me faire une telle demande.

» Sur ce discours, le pauvre marquis, qui n'attendait plus qu'un dernier coup entendit ouvrir la porte de la galerie; reprenant courage, il se retourna, et ayant vu que c'était l'aumônier qui entrait, se traîna du mieux qu'il put, s'appuyant contre le lambris de la galerie, demander à parler à lui. L'aumônier passa à la main gauche de ce marquis, moi étant à la droite, et le marquis se tournant vers l'aumônier et se joignant les mains, lui dit quelque chose, comme confessant; et après l'aumônier lui dit: Demande pardon à Dieu; et après m'avoir demandé permission, il lui donna l'absolution.

« Ensuite il se retira, me disant de demeurer auprès du marquis et qu'il s'en allait voir la reine de Suède. En même temps celui qui avait frappé sur le col dudit marquis et qui était avec l'aumônier à sa gauche, lui perça la gorge d'une épée assez longue et étroite, duquel coup le marquis tomba sur le côté droit et ne parla plus, mais demeura plus d'un quart d'heure à respirer, durant le quel je lui criais et l'exhortais du mieux qu'il m'était possible; et ainsi ce marquis ayant perdu son sang, finit sa vie à trois heures et quart après-midi. Je lui dis le *De profundis* avec l'oraison, et après, le chef des trois, luiremu a un bras et une jambe, déboutonna son haut-de-chausses et son caleçon, fouilla dans son gousset et ne trouva rien, sinon, dans sa poche, un petit livre de la Vierge et un petit couteau. Ils s'en allèrent tous trois, et moi après, pour recevoir les ordres de Sa Majesté.

« Cette reine, assurée de la mort dudit marquis, témoigna le regret d'avoir été obligée de faire faire cette exécution en la personne de ce marquis, mais qu'il était de justice de le faire pour son crime et sa trahison, et qu'elle priait Dieu de lui pardonner. Elle me commanda d'avoir soin de le faire enlever de là et de l'enterrer, et me dit qu'elle voulait faire dire plusieurs messes pour son âme. Je fis faire une bière et le fis mettre dans un tombereau, à cause de la brune, de la pesanteur et du mauvais chemin, et le fis conduire à la paroisse par mon vicaire et chapelain assisté de trois hommes, avec ordre de l'enterrer dans l'église, près du bénitier ce qui fut fait et exécuté à cinq heures trois quarts. Le lundi douzième jour du mois de novembre, cette reine envoya cent livres par deux de ses valets de chambre au couvent, pour prier Dieu pour le repos de l'âme du dit marquis, duquel le mardi treizième dudit mois, on publia le service par solennité et dévotion dans l'église paroissiale d'Avon, où ce marquis est enterré, et continuâmes un CREDO et les messes que cette reine avait donné ordre de dire pour supplier la bonté divine qu'il lui plaise de mettre l'âme de ce pauvre défunt dans son paradis. »

Comme de raison, nous trouvons ardent à s'associer aux colères de Christine, l'écuyer Sentinelli qui dans ce drame de sang joue le premier rôle après la reine. Le père Lebel fut un digne prêtre, il avait courageusement plaidé auprès de l'assassin pour la victime. Il ne s'était pas borné à supplier la reine pour le malheureux écuyer, il lui avait parlé de Louis XIV, du roi dont elle payait l'hospitalité par un crime; il l'avait menacée de la colère royale sans vaincre le sentiment qui animait Christine, sans fléchir cette détermination sauvage, cette colère que le sang seul pouvait apaiser. En répondant qu'elle se regardait à Fontainebleau comme étant dans ses états et qu'elle y prétendait exercer *sa justice*, Christine ne se trompait pas; Louis XIV laissa impuni l'horrible meurtre du 6 novembre 1657; celui qui a taché son règne par les Dragon-

4.

nades et la révocation de l'Edit de Nantes, trouva tout simple que la reine de Suède fit de la justice comme il faisait de la tolérance !

Et c'est ainsi que l'on put écrire sur le panneau de cette froide petite chambre de la galeie des Cerfs : — Ici fut tué Monaldeschi, ici Christine a commis un crime abominable, sans pouvoir ajouter : Louis XIV l'a fait punir.

Mais détournons les yeux de cette scène qu'on dirait emprunté à l'histoire de Brunehaut ou de Frédégonde, plutôt qu'a l'époque de celui qui prétendait orgueilleusement résumer l'Etat et la France en sa personne ; écrivons la date de 1259 en regard de celle de 1657 ; Christine ensanglante celle-ci, et Louis IX honore celle-là. Louis IX était malade dans ce même Fontainebleau, et se croyai sur le point de mourir comme y mourut plus tard Léonard de Vinci, un roi, aussi celui là, par la science et par le génie qui guidaient son pinceau. Louis IX fait approcher son fils aîné et lui dit dans ce langage empreint de franchise et de simplicité gauloises :

« Bieau fils, je prie que tu te faces amer au
« peuple de ton royaulme, car vraiment je
« aimerais mieux que un escot venist d'Ecos-
« se et gouvernast le peuple du royaulme bien
« et loïalement que tu le gouvernasse mal
« apertement. »

Le peuple a appelé Louis XIV, *le grand,* mais il avait nommé celui qui donnait ce conseil et rendait la justice sous les chênes, *Saint-Louis.* Le premier l'étonnait ; il aimait le second. L'histoire ne compte-elle, aussi, qu'un Louis IX.

III.

*Le théâtre. — Le devin du village et
J.-J. Rousseau. — Jacques d'Écosse.
— Madeleine de France. —
— Galerie historique.*

Il nous a fallu laisser fermer bien des portes dans cette course, à travers les douze cents chambres de Fontainebleau. A moins de faire comme la princesse des contes arabes, il est impossible de tout dire; entrons seulement par ce couloir sombre; ouvrez, c'est le théâtre du château, qui est devant vous. La salle n'a rien de remarquable que des ornements et des dispositions qui rappellent l'époque de Louis XV, mais il s'est passé là un fait intéressant; Jean-Jacques Rousseau a fait représenter dans cette salle le *Devin de village*, opéra-comique de sa façon, exécuté par des princes et des princesses de cette cour, qui, peu d'années après, allèrent monter sur le sanglant théâtre dressé par les colères de la révolution.

Rousseau a écrit lui-même les détails de cette représentation; ils sont assez curieux pour mériter une place. La pièce, sue, étudiée, allait être jouée, et Rousseau allait assister à la première représentation :

« J'étais ce jour-là, dit-il, dans le même équipage négligé qui m'était ordinaire, grande barbe et perruque assez mal peignée.

» Prenant ce défaut de décence pour un acte de courage, j'entrai dans cette façon, dans la salle où devaient arriver peu de temps après, le roi, la reine, la famille royale et toute la cour. J'allai m'établir dans la loge où me conduisit M. de Cury, et qui était la sienne : c'était une grande loge sur le théâtre, vis-à-vis une petite plus élevée, où se plaça le roi avec Mme de Pompadour, environné de dames, seul d'hommes sur le devant de la loge, je ne pouvais douter qu'on ne m'eût mis là pour être en vue. Quand on eut allumé, me voyant en cet équipage au milieu de gens tous excessivement parés, je commencai d'être mal à mon aise, je me demandai si j'étais mis cenvenablement, et après quelques minutes d'inquiétudes, je me répondis oui, avec une intrépidité qui venait peut-être plus de l'impossibilité de m'en dédire que de la force de mes raisons. Je me dis, je suis à ma place, puis que je vois jouer ma pièce, que j'y suis invité, que je ne l'ai fait que pour cela, et qu'après tout, personne n'a plus de droit que moi-même de jouir du fruit de mon travail et de mon talent. Je suis mis à mon ordinaire, ni mieux ni pis; si je commence à tenir à l'opinion dans quelque chose, m'y voilà asservi de rechef, en tout pour être toujours moi-même, je ne dois rougir en quelque lieu que ce soit d'être mis dans l'état que j'ai choisi, mon extérieur est simple et négligé, mais non crasseux ni malpropre : la barbe ne l'est point en elle-même, puisque c'est la nature qui nous la donne, et que selon les temps et les modes elle est quelquefois un ornement. On me trouvera ridicule, impertinent, eh bien ! que m'importe ! Je dois savoir endurer le ridicule et le blâme, pourvu qu'ils ne soient mérités.

« Après ce petit soliloque, je me raffermis si bien, que j'aurais été intrépide si j'eusse eu besoin de l'être, mais, soit effet de la présence du maître, soit naturelle disposition des cœurs, je n'aperçus rien que d'obligeant et d'honnête dans la curiosité dont j'étais l'objet. J'en fus touché jusqu'à recommencer d'être inquiet sur moi même et sur le sort de ma pièce, craignant d'effacer les préjugés si favorables qui semblaient ne chercher qu'à m'applaudir. J'étais armé contre leur raillerie ; mais leur air caressant, auquel je ne m'étais pas attendu, me subjugua si bien que je tremblais comme un enfant quand on commença.

J'eus bientôt de quoi me rassurer. La pièce fut très-mal jouée quant aux acteurs, mais bien chantée et bien exécutée quant à la musique. Dès la première scène, qui véritablement est d'une naïveté touchante, j'entendis s'élever dans les loges un murmure de surprise et d'applaudissements jusqu'alors inouï dans ce genre de pièces. La fermentation croissante alla bientôt au point d'être sensible dans toute l'assemblée ; et, pour parler à la Montesquieu, d'augmenter son effet par son effet même. A la scène des deux petites gens, cet effet fut à son comble. On ne claque point devant le roi ; cela fit qu'on entendit tout ; la pièce et l'auteur y gagnèrent. J'entendais autour de moi un chuchotement de femmes qui me semblaient belles comme des anges, et qui s'entredisaient à demi-voix : cela est charmant, cela est ravissant; il n'y a pas un son là qui ne parle pas au cœur. Le plaisir de donner de l'émotion à tant d'aimables personnes m'émeut moi-même jusqu'aux larmes ; je ne les pus contenir au premier duo, on remarquait que je n'étais pas seul à pleurer. J'eus un moment de retour sur moi-même, en me rappelant le concert de Trétorens. Cette réminiscence eut l'effet de l'esclave qui tenait la couronne sur la tête des triomphateurs; mais elle fut courte et je me livrai bientôt exclusivement et sans distraction au plaisir de savourer une gloire. Je suis pourtant sûr qu'en ce moment la volupté du sexe y entrait beaucoup plus que la vanité d'auteur; et souvent, s'il n'y eut eu là que des hommes, je n'aurais pas été dévoré comme je l'étais sous le feu du désir, de recueillir de mes lèvres les délicieuses larmes que je faisais couler. J'ai vu des pièces exciter de plus vifs transports d'admiration, mais jamais une ivresse aussi pleine, aussi douce, aussi touchante, régner dans tout un spectacle et surtout à la cour un jour de représentation. Ceux qui ont vu cela doivent s'en souvenir, car l'effet en fut unique

« Le même soir, M. le duc d'Amont, vint me trouver au château sur les onze heures, et dit qu'il me présenterait au roi. M. de Curi, qui me fit ce message, ajouta qu'on croyait qu'il s'agissait d'une pension, et que le roi voulait me l'annoncer lui-même.

« Croirait-on que la nuit qui suvit cette brillante journée fut une nuit d'angoisse et de perplexité pour moi ? Ma première idée après celle de cette représentation, se porta sur un pressant besoin de sortir qui m'avait fait beaucoup souffrir le soir même au spectacle, et qui pouvait me tourmenter le lendemain quand je serais dans les galeries ou dans les appartements du roi, parmi tous ces grands attendant le passage de Sa Majesté Cette infirmité etait la principale cause qui me tenait écarté des cercles, et qui m'empêchait d'aller m'enfermer chez des femmes. L'idée seule de l'état où ce besoin pouvait me mettre, était capable de me le donner au point de m'en trouver mal, à moins d'une esclandre à laquelle j'aurais préféré la mort. Il n'y a que les gens qui connaissent cet état qui puissent juger de l'effroi d'en courir le risque.

« Je me figurais ensuite devant le roi, présenté à Sa Majesté qui daignait s'arrêter et m'adresser la parole. C'était là qu'il fallait de la justesse et de la présence d'esprit pour répondre. Ma maudite timidité, qui me trouble devant le moindre inconnu, m'aurait-elle quittée devant le roi de France, ou m'aurait-elle permis de bien choisir à l'instant ce qu'il fallait dire ? Je voulais sans quitter l'air et le ton sévère que j'avais pris, me montrer sensible à l'honneur que me faisait un si grand monarque. Il fallait envelopper quelque grande et utile vérité dans une louange belle et méritée. Pour préparer d'avance une réponse heureuse, il aurait fallu prévoir juste ce qu'il pourrait me dire ; et j'étais sûr, après cela, de ne pas retrouver en sa présence un mot de ce que j'aurais médité. Que demanderais-je en ce moment, et sous les yeux de toute la cour, s'il allait m'échapper dans mon trouble une de ces balourdises ordinaires ? Ce danger m'alarma, m'effraya, me fit frémir au point de me déterminer, à tout risque, de ne m'y pas exposer.

« Je perdais, il est vrai, la pension qui m'était offerte en quelque sorte ; mais je m'exemptais aussi du joug qu'elle m'eût imposé. Adieu la vérité, la liberté, le courage ! Comment oser désormais parler d'indépendance et de désintéressement ? Il ne me fallait plus que flatter ou me taire en recevant cette pension ; encore qui m'assurait qu'elle me serait payée ? Que de pas à faire, que de gens à solliciter. Il m'en coûterait plus de soins, et bien plus désagréable pour la conserver que pour m'en passer, je crus donc en y renonçant, prendre un parti très conséquent à mes principes et sacrifier l'apparence à la réalité. Je dis ma résolution à Grimm, qui n'y opposa rien. Aux autres j'alléguai ma santé, et je partis le matin même. »

C'est à peu près le seul titre de recommandation de la salle de spectacle si on en excepte les célébrités de la danse, du chant, de la comédie et de la tragédie qui sous Louis XV, Louis XVI, Napoléon, Charles X et Louis-Philippe ont joué dans cette salle : Sophie, Arnould, Fleury, Molé, Melle Clairon, Le Kain, Talma, Nourrit, Duprez, La Camargo, Taglioni, Mars, Duchenois et tous ceux que la liste civile mettait en réquisition pour les plaisirs du roi.

Malgré toutes les recherches et les questions faites, nous n'avons pu retrouver l'endroit où existait la salle de bain de François

Iᵉʳ sur laquelle le roi avait fait ouvrir une vue mystérieuse, dans un cabinet, d'où il contemplait sans voiles les beautés des baigneuses. Il se passa dans cette salle un fait assez piquant. Jacques V d'Ecosse qui était venu demander en mariage la fille de François Iᵉʳ, Madeleine de France, avait obtenu d'une femme de service d'être admise dans la loge du roi pendant que sa fiancée serait au bain. Celle-ci entre suivie de mademoiselle de Vendôme, sa femme de chambre. Madeleine est désabillée et à chaque vêtement qui tombe, Jacques voit apparaître une beauté nouvelle ; bientôt les yeux de l'écossais n'ont plus rien à désirer et peuvent admirer dans tout son éclat d'albâtre cette Vénus royale ; il voit que la fille de François Iᵉʳ n'est pas seulement d'illustre maison, mais que ses perfections corporelles ne le cèdent en rien à son origine ; il est doublement heureux de ce hasard quand Madeleine adresse la parole à mademoiselle de Vendôme pour lui avouer le penchant qu'elle ressent pour Don Juan, fils de Charles-Quint, et la répugnance qu'elle éprouve pour Jacques d'Ecosse.

La chute était lourde, et cependant Jacques V, l'année suivante, épousait la fille de François Ier.

Ce mari sans préjugés ne garda pas longtemps celle qu'il avait épousée ; six mois ne s'étaient pas écoulés que Madeleine était morte de chagrin de n'avoir pu s'unir à Don Juan.

Il est impossible de faire un pas dans cette grande hotellerie royale sans se heurter contre un souvenir. Philippe-le Bel est né, et il est mort à Fontainebleau où il est enterré dans l'église d'Avon à côté de Monaldeschi ; Isabelle de France, sœur de Charles IV est venue à Fontainebleau implorer son frère contre Edouard II son mari, mais sachant que si le mari était un homme dissolu, sa sœur ne valait guère mieux, Charles congédia celle-ci dont on sait l'expédition en Angleterre, expédition terminée par la mort de son mari.

C'est à Fontainebleau que François Ier reçut Charles-Quint et lui donna des chasses royales, tournois, escarmouches, combats à pied et à cheval ; en 1541, Rosso, peintre italien, un des artistes qui ont le plus contribué à embelir Fontainebleau se suicida dans le palais que sa brosse avait illustré.

Deux ans plus tard François II naquit à Fontainebleau; en 1545, Elisabeth femme de Philippe II d'Espagne dont la sombre figure se détache dans les lointains lumineux du beau ciel ibérique venait au monde à Fontainebleau ; son surnom qui semblait lui présager un riant avenir fut une cruelle déception. Elisabeth *de la paix* fut empoisonnée par les ordres de son mari. L'assemblée des notables convoquée en 1560 par suite de la conspiration d'Ambroise se réunit à

Fontainebleau, sous la présidence de François II, mari de cette malheureuse Marie Stuart qui périt non moins malheureusement que son premier mari.

Vers 1562 le duc de Guise enleva de Fontainebleau Charles IX et Catherine de Médicis, sa mère pour les soustraire à l'influence protestante.

Dix ans auparavant Henri III naissait à Fontainebleau où en 1578 il y reçut les RE-MONSTRANCES du parlement de Paris. La dernière année du XVIe siècle, Sully empêcha le mariage de Gabrielle d'Estrées avec Henri IV. La pauvre favorite quitta Fontainebleau le désespoir au cœur et se rendit chez le banquier Zamet où elle fut empoisonnée.

Après ce triste dénouement d'une vie d'amour, il faut placer l'arrestation du duc de Biron faite à Fontainebleau, le 4 juin 1602, puis la naissance de Louis XIII et de ses sœurs les reines d'Espagne et de Savoie, baptisés tous les trois sous le dôme du portail de la Cour-Ovale.

1633, 1642 sont deux dates qui marquent à Fontainebleau; la première rappelle la réception des chevaliers de l'ordre du St-Esprit; 1642 le passage de Richelieu qui allait mourir à Paris le 4 décembre.

En 1686 le prince de Condé mourait à Fontainebleau. Deux ans plus tard Jacques II d'Angleterre, réfugié en France y séjournait. En 1700 Pierre-le-grand, tzar de Russie, se grisa comme un cocher dans le pavillon du milieu de l'étang; il fallut le ramener en bateau avec les seigneurs moscovites *inflati lyceo* comme leur maître. En 1725 Louis XV épousait à Fontainebleau Marie Lecksinka, et 21 ans après Voltaire y écrivait sa tragédie de *Sémiramis*.

Puis à la file viennent Louis XVI, Marie-Antoinette, Napoléon, Pie VII, Joséphine qui y entendit prononcer son divorce. Le blocus continental fut décrété à Fontainebleau. Qui sait si Napoléon n'eut pas été assassiné comme César dans le palais de François Ier sans son abdication? Qui pourrait garantir que sans le retard mis à l'arrivée de la duchesse d'Angoulême qui vint à Fontainebleau quand Charles X était déjà à Rambouillet, la révolution de 1830 se fut faite par les ordonnances de Juillet ?

Le dernier mariage royal eut lieu à Fontainebleau, entre le duc d'Orléans et la princesse Hélène de Mecklenbourg. Le président de la République ne pouvait manquer d'aller visiter le lieu où la dernière phase de l'empire s'est accomplie. Fontainebleau a donné l'hospitalité aux hôtes de l'Élysée. Tous les anciens complices de l'affaire de Boulogne et de celle de Strasbourg ont fait leur entrée officielle dans le palais séculaire où tant de choses se sont accomplies.

PORTE DORÉE.

VI.

*Les Jardins. — Le Parc. — La Forêt. —
Les futaies du Bréau. — Les gorges
d'Apremont. — Les rochers de la
Salamandre. — La Mare-aux-
Evées. — Les vieux chênes.
— La roche cristallisée.
— Souvenirs.*

Les peintres se connaissent en sites et en beautés végétales. Leur présence persévérante, immémoriale, dans la forêt de Fontainebleau, inspiratrice du berger peintre Lantara serait déjà une présomption favorable, s'il ne suffisait de regarder et de marcher pour trouver l'admiration. Quand on a évoqué les fantômes de l'histoire et fait parler les chroniques du château, on éprouve une sensation d'autant plus profonde en entrant dans la forêt, car si les murs parlent encore, le vent et la mousse ont effacé les empreintes que la cour de François 1er et celle de Louis XIV avaient laissées sur le sable ; qui retrouverait la trace de l'entrée de Charles.Quint, venant de Nemours à la cour de son rival?

Il y a pourtant eu belle fête en 1539, lorsque le roi de toutes les Espagnes traversa la forêt. Les nymphes, les faunes, les dieux qui semblaient sortir des troncs des vieux chênes au son des tambourins et des galoubets ont disparu sans qu'il soit resté un indice qui trahisse la création éphémère de cette Olympe improvisé sous les pas du roi catholique ; adieu les vierges qui faisaient pleuvoir les fleurs sous les pas de la cour espagnole, adieu les tournois et les *esbatemens* qui réjouissaient si fort Martin-du-Bellay, l'historiographe de ces journées, si loin envolées. Les carrousels de Catherine de Médicis que le père Dan raconte avec de si compendieux détails, n'ont pas eu la chance de garder, non plus, les limites de leur enclos. C'était cependant la fleur de la noblesse française, les quatre maréchaux de France en tête, qui joûtaient dans ces fêtes si fatales à Henri II ; le duc de Guise, le prince de Mantoue, les ducs de Nevers, de Montpensier, de Longueville et le comte de Rengrave commandaient les compagnies ; les princesses et les dames de la cour étaient à cheval, vêtues en nymphes, le prince de Condé défendait le château enchanté que le carrousel attaquait ; c'était un pêle-mêle étrange, religieux, païen, féérique avec enchantements, une espèce de chant en action, détaché de la *Jérusalem délivrée* du Tasse. Mais la cognée des bucherons a passé par là, les routes se sont faites, les vieux arbres ont cédé la place à une végétation nouvelle, rien n'est resté, si ce n'est les beautés qui jaillissaient du sol, et dont les générations sont arrivées jusqu'à nous, sans décroître ni en beauté ni en grandeur. M. Bois d'Hyver (nom précieux pour un conservateur forestier) a eu beau mériter son nom, en faisant bûches et fagots des hautes futaies de Fontainebleau pour la caisse du dernier roi, la forêt a défié sa hache ; c'est encore ce qu'il y a de plus beau en France, peut-être en Europe ; il y a des voyageurs qui le disent, et ils ne sont pas de France.

Avant d'arriver à la forêt, il faut traverser les jardins. C'est la grande pièce d'eau qui se présente. Bordé de saules qui semblent pleurer les brillantes fêtes d'autrefois, le bassin est habité par des carpes séculaires qui font la joie des amateurs de curiosités. Au milieu de l'eau se trouve un pavillon qui remonte à François Ier. C'est l'endroit où l'empereur de Russie et sa suite vidèrent tant de bouteilles. C'était le lieu où Napoléon aimait à causer avec les hommes de ses conseils.

Le parc est une œuvre de Lenôtre après avoir été une création de François Ier.

Dans un des coins de ce parterre est le pavillon de Sully, modeste retraite qu'avait adoptée le ministre du Béarnais.

Le parc possède un immense bassin, dont les longues rives sont bordées d'arbres qui glorifieraient un mail, mais qui s'amoindrissent singulièrement, quand on songe à ceux de la forêt. C'est à gauche de ce parc qu'est la Treille du Roi, plantée sous Louis XV, et qui donne ce qu'il y a de plus rare dans ce paradis du chasselas. Louis-Philippe ne finissait jamais un dîner sans manger une grappe de raisin de Fontainebleau, cueillie à la *treille du roi*. Le jardinier prétend que ce n'est pas le moindre des regrets qu'il éprouve à Claremont.

Pour s'aventurer dans la forêt, il faut un guide et un voiturin. Les guides de Fontainebleau servent à deux fins, comme leurs chevaux. Nous avons eu la chance de trouver à deux fois différentes des originaux amusants. L'un se nomme Napoléon de son surnom. Ce n'est pas qu'il soit profilé sur le grand homme, ou qu'il soit dans la classe des conducteurs une exception ; c'est le culte qu'il a voué à l'empereur qui lui a valu son nom. Personne n'est plus joyeux, plus original que ce brave homme, ancien troupier de l'époque impériale. C'est une espèce de vieil enfant de troupe qui a dû battre la caisse à Montereau ; il a la parole railleuse, la figure épanouie, le nez au vent, un air gouailleur et aventureux ; rien de plus varié que sa collection de saillies et d'anecdotes rehaussées par le pitoresque de son langage, et la vanterie qui fait l'assiette de son caractère; c'est un passe-temps quand le site cherché se fait entendre. L'autre entrepreneur de conduite est un garçon de la belle espèce, portant beau, cadençant la syllabe et pénétré de la bonne grâce juvénile qu'il a perdue, au point de croire de très-bonne foi que François Ier et Henri IV seraient en état de lui demander des leçons de galanterie s'ils revenaient au monde. Il n'est pas un coin de la forêt qu'il ne prétende illustré par quelqu'une de ses aventures, et à l'écouter, il y aurait eu, au temps de sa jeunesse, bien des dames qui auraient joué avec lui le personnage de la duchesse de Valentinois. Du reste, il est plein de respect, d'attentions et de complaisance ; il n'escamote jamais une course pour arriver plus vite au pour-boire, et, sauf ce besoin de faire de la *verte galanterie* en paroles, et, suivant l'auditoire, on est sûr de ne pas mieux s'adresser en faisant prix avec ce garçon.

Dieu nous garde de décrire la forêt de Fontainebleau ; il est de ces choses qu'on ne saurait faire entrer dans un récit, quelqu'en soit la prolixité ; nour allons seulement en esquisser les silhouettes.

Il nous souvient d'être allé de Moret à Fontainebleau avec un ami, — à pied, — comme il convient à gens qui veulent voir à l'heure qu'il leur plaît. Il pouvait être minuit ; l'air était calme et pur, et les grands arbres de la route, se balançant comme des éventails, ramenaient sur le sol la fraîcheur qui flottait dans l'air. De longues percées se déchiquetaient dans la futaie pour laisser voir les nuages blancs qu'argentaient les reflets de la lune. Les feuilles frissonnaient aux branches, et dans ce doux bruit qui semblait le souffle de la nature assoupie, s'élevait un bruit plus fort, tantôt une branche sèche qui se rompait, tantôt un oiseau dont les ailes battaient l'air quand il changeait de lit; quelque-fois une ombre alerte, rasant le sol, frôlait le feuillage où elle se perdait; c'était un daim ou un cerf effarouché par quelque rumeur insolite. Puis, au loin, avec des modulations variées, un ruisseau filtrant dans les racines et fuyant sous les branches. Le bruit des pas étouffé par un tapis de mousse et de sable, laissait arriver à l'oreille les variétés infinies de ce concert nocturne. Ce n'était pas la forêt, mais une route dans la forêt, et il n'est ni levers ni couchers de soleil qui nous aient donné ailleurs de plus rêveuses pensées que ce pan de route parcouru à minuit, le bâton à la main.

Nous croyions avoir saisi au passage une bonne fortune ; ce n'était qu'une préface ; quand on est dans ce réseau de grands chemins, de chasses, de sentiers tous voûtés par les feuilles et saupoudrés de ce sable friable, dans lequel poussent si drus, si droits, les beaux arbres de la forêt, on se sent porté à la légende. La *Croix du Grand-Veneur* paraît être le souvenir consacré d'une de ces grandes chasses nocturnes mises par la superstition au compte des fantômes ; la *Salle de danse* semble avoir servi à un sabbat ; la *Roche qui pleure* devient une fée prisonnière d'un enchanteur dans un cachot de granit, et *l'Antre des Druides* inquiète l'œil qui croit y trouver encore des taches du sang des victimes humaines.....

Le Bouquet du Roi, énorme chêne droit et tourné comme un fuseau, est un des points que l'on touche quand on pénètre au centre de la forêt. Quoique sablonneuse, la route est facile, et conduit en peu de temps à Franchard.

Franchard est une maison de garde-chasse, — l'unique qui existe comme un repos dans la forêt de Fontainebleau; elle est perdue à l'entrée de la touffe de chênes qui bordent le site, comme un nid d'oiseau dans les branches ; on ne la voit que lorsqu'on a le pied sur le seuil. Impossible de n'y pas entrer. Quand il fait chaud on y prend le frais ; quand il fait froid, la flamme joyeuse d'une bourrée se met à l'unisson de l'accueil hospitalier que vous y recevez. — La demeure du garde est une maisonnuette blanche, tapissée de bois de cerf, de tête de loups, de pieds de biche, de panoplies où l'arme damasquinée coudoie le fusil rustique. Il y avait là un monastère dont tout le personnel fut égorgé pas des bandits sous Louis XIV ; on y trouve, aujourd'hui, — et la compensation est tout à l'avantage du présent, une belle jeune fille qui semble un rejeton des canéphores improvisées pour Charles-Quint; c'est une fleur des bois, élégante et belle dont tous les artistes emportent le souvenir dans leurs mansardes, quand la bise les chasse vers Paris.

Ils ont semé dans les feuillets de l'album de Sophie Delamotte des croquis des dessins, des romances, des vers familiers, et Dieu sait si une esquisse ou un trait de plume coûte quelque chose à ces prodigues pinsons qui s'abattent dans les taillis quand la feuille se nuance de roux, de pourpre et de reflets de terre d'ombre !

Les gorges de Franchard semblent un chaos de pierres, dans lequel le hasard a, par pitié, semé des pousses. Le silence des grandes solitudes plane sur ces excoriations minérales qui se superposent de la plus étrange façon. Toutes les richesses, tout le pêle-mêle des combinaisons confondues de la géométrie, se déploient dans cet assemblage de roches entassées.

C'est la nudité, le désert désolé à côté de la verte et puissante végétation forestière, et à perte de vue, cette mer rocheuse s'allonge, ondule en vagues grises qui semblent s'être subitement pétrifiées. L'horizon est fermé de toutes parts par une barrière de grés calcinés ; c'est vieux comme le monde, calme et silencieux comme le désert, majestueux comme une immense basilique dégradée pas les siècles. Ces écroulements, ces rocs fracturés, à peine panachés par des bouleaux amaigris, et des genevriers semés par les hasards du vent, ont, cependant, leurs jours de fête. En septembre, le fond de la vallée se tapisse des fleurs de la bruyère et d'une sorte de rhododendron, qui jettent sur ces masses grises des teintes roses ou l'œil se repose de l'aridité de la pierre.

Ce qu'il y a d'incroyable et de saisissant, c'est la variété des combinaisons de ces deux éléments, l'arbre et la roche, dans les effets de décor de la forêt de Fontainebleau. Le mont Ussy a d'admirables perspectives sur la plaine et sur la ville de Fontainebleau ; le grand rideau de la demi-futaie qui l'enveloppe a des déchirures qui laissent entrevoir des panoramas infinis. Il n'est pas besoin de regarder loin pour voir d'admirables choses, les gorges les collines les dômes de verdure couvrant des mosaïques abreuptes, sont semés à pleines mains sur les pas de ceux qui contournent le mont Ussy. A Franchard, la roche est nue et pelée ; au Val du Chêne-des-Fées elle est tapissée de lichens et de cette mousse à expansions soyeuses qu'on ne trouve qu'à Fontainebleau. Le Chêne-des-Fées semble moins un arbre qu'un prolongement de pierre ; il s'enchasse dans le roc comme le diamant dans la sertissure d'une bague. A côté est le chêne de François Ier, vénérable écorce entr'ouverte de façon à abriter les visiteurs surpris par la pluie. Les sites, les hardiesses végétales abondent au Nid-de-l'Aigle. Le chêne et le hêtre s'y marient en bouquets gigantesques qu'on dirait destinés à la boutonnière du héros de Rabelais. L'Arbre-à-Cheval, le Charlemagne de douze mètres de tour, le plus vieux des chênes, passent sous les yeux quand on gagne les sommets de la Solle par la Route-à-Marie, long serpent écaillé de pierres qui s'allonge sous un berceau d'arbres trois fois centenaires.

La Route-à-Marie ne s'est pas ainsi

trouvé baptisée sans cause ; elle était le paraclet d'une brune Castillanne, fille d'un capitaine-général espagnol ; l'étrangère avait pris à la lettre le mot de Louis XIV: « Il n'y a plus de Pyrennées. » Le grand roi avait dit cela, en politique, Dona Maria l'avait traduit en amoureuse. Elle s'était retirée à Fontainebleau pour fuir un mariage odieux. Mais c'était plus le mari que le mariage qui déplaisait à la belle péninsulaire, car on raconte qu'elle n'était pas venue seule chercher le repos sous les ombrages de Fontainebleau. Si Bartholo était en Espagne, Lindor était en France. Dona Maria a donné son nom au chemin de ses préférences. On aura beau faire, le roman et la légende, qui n'en est qu'une forme, seront plus puissants que l'histoire pour traverser les siècles ; ils n'ont pas besoin de s'imprimer ; il passent d'âge en âge sur les aîles de la tradition. Personne ne sait où Charles-Quint a passé, escorté de princesses déguisées en déesses; personne, et pourtant il s'agissait d'un grand roi, d'une grande fête, et tout le monde sait, depuis Louis

XIV, où l'amant et la maîtresse réunis sous les roches, avaient l'habitude de passer. Ainsi du rocher des Deux-Sœurs, où se donna un double repas de noces, qui a laissé son nom au lieu où se réunirent les invités.

Les gorges d'Apremont sont préférées par beaucoup de gens à la gorge de Franchard : il y a d'un côté le désert, de l'autre le vallon.

Le vallon est la pépinière où les artistes vont butiner des études ; le désert est une accumulation de rocailles qui moutonnent dans un bassin circulaire. Les roches grises jetaient là des ombres profondes, et présentaient sous les feux du soleil, des plans bizares ; on a noyé tout cela dans une plantation exotique. Le désert est maintenant habité par des sapins du nord. Heureusement la nature a gardé des compensations. Les 8 kilomètres de circonférence des gorges d'Apremont renferment un pêle-mêle indescriptible de bois, de feuilles, de mousse, de pierres ; tantôt l'œil plonge dans des profondeurs noyées par les brouillards, et tantôt il glisse sur la déclivité sinueuse d'un sentier presqu'à pic; ici c'est un entonnoir où clapotte la pierre, là c'est un piton monstre couronné de grands panaches de hêtre. A droite est la caverne profonde où Thissier chef de bande se réfugiait avec ses bandits; c'était sous Louis XV ; à gauche, au milieu de coupoles de feuillage s'élèvent Sully, Henri IV, la reine Blanche, trois arbres dont les cimes ont été plus d'une fois blessées de la foudre ; voici le dormoir de Lantara berger devenu grand peintre de la nature, à force de l'admirer.

Au delà de Franchard, la grotte des Ermites, l'antre des Druides, la Roche-qui-pleure, la Gorge-aux-Loups, le rocher de la Salamandre où François Ier égaré grelotta toute une nuit : J'étais moins bien ici, dit François, quand sa suite le retrouva, qu'une Salamandre dans un brasier. » Le mot à baptisé la roche.

Le rocher des Demoiselles, qui arrive

ensuite est un emblême ; c'est une manière de hérisson de pierres, difficile à escalader, comme une vertu bien défendue. La roche Volante plane auprès d'elle, et tourne le bec de l'informe oiseau qu'elle représente, vers la gorge des grands Génévriers. Voutée d'arbres verts, de sycomores, de hêtres, de bouleaux, de chênes, la gorge des génévriers, conduit à la futaie du Déluge, peuplée de mastodontes végétaux qui lui ont valu son nom.

La redoute de Bourron est un souvenir de 1814, 12 pièces de canon y commandaient la route de Nemours ; La mare aux Fées, bordée de houx, de chênes verts de glauques génévriers semble un lieu mystérieux où le sabbat a dû se tenir... quand on croyait au sabbat. Sur le plateau est le chêne de Molière, puis le charme de Marie-Antoinette ; un peu plus loin, le chêne Augusta, auquel l'amitié a donné le nom de la sœur du grand chanteur Duprez. Au Mont-Haut, est la roche cristallisée, peuplée de stalactites, sculptée par les infiltrations d'arabesques, de figures d'animaux, de chimères, comme une vieille cathédrale ; à la fosse au Rateau, se présentent Goliath, le Pharamond, chênes chauves et noueux qui semblent des squelettes ante-diluviens ; au mont Saint-Père le plateau de la Belle-Croix, la roche aux Cristaux émaillés de ciselures dues aux invisibles sculpteurs de Dieu.

Regardez ce chêne de la Marre-à-Piat: Napoléon y tua un sanglier le 18 octobre 1809 ; du haut du belvéder du Mont-du-Fays, est le Bas-Bréau, immense futaie qui rappelle la mer quand ces cimes touffues se mettent à onduler ; à côté, l'horizon où l'on voit poindre comme des étoiles: Barbison où se logent les peintres, et toute une constellation de village, de Melun à Corbeil, de la forêt de Senart à Montlhéry ; puis c'est la mare aux Evées, miniature de ce qu'ont dû être les lagunes avant que Venise existât. — C'est dans ce vieux canton, qui recèle une mine de merveilles, qu'est la table du grand-maître, meuble de pierre à pilastres entouré de sièges. — Dans le canton du Fort-des-

Moulins est le calvaire, reminiscence naturelle du Golgotha, qui lui à valu son nom....

Il y a bien des trésors que nous n'avons pas même indiqués dans ce rapide vol d'oiseau ; il faudrait dix jours pour voir de près, pour contourner les sites, les regarder par les plans qui leur conviennent; nous n'avons rien dit du Mont-Enflammé pui ressemble à un volcan éteint, de la croix de Saint Hérem, ce rendez-vous de chasse, du Gros-Fouteau, de la Butte-à-Gai, du Rocher-Cassepot, de la Gorge-Zacharie, et de bien d'autres merveilles ; nous n'avons pas conduit ceux qui nous ont lu, dans l'église d'Avon, où Monaldeschi repose à côté de Philippe-le-Bel, et de Jeanne de Champagne, Ambroise Dubois, près de Daubenton ; il aurait encore fallu bien des pages pour raconter l'anecdote de Saint Louis arrêté par des voleurs ; les *Usages* de la table du roi, imposés à l'abbesse du Lys, et les chroniques qui, sans parler de la tentative de Lecomte, pullulent à Fontainebleau ;

mais il est temps de nous arrêter, la course a été longue quoique nous ayons voulu la faire courte, mais le moyen d'abréger dans ces taillis remplis d'histoires, de chroniques, de merveilles ! L'excellente mesure prise par la compagnie du chemin de fer vaut mieux que tous les récits ; au lieu de lire on peut voir ; il n'y a pas jusqu'aux plus pauvres qui ne puissent profiter des trains de plaisir pour admirer ce splendide assemblage de beautés naturelles et artistiques, sorte de musée et de livre tout ensemble, qui laisse place au souvenir, à l'admiration, et rappelle le passé dans un présent magnifique.

VERCEIL

VII.

Melun.

C'est tout d'abord un proverbe qui vient à l'esprit quand on arrive au chef-lieu de Seine-et-Marne : » *Les anguilles de Melun crient avant qu'on ne les écorche.* » Faut-il admettre que les pantoptères qui peuplent la rivière ont pour eux l'autorité de quelque légende ? Malgré le respect qu'on doit aux miracles et aux proverbes, on aime mieux chercher une explication ailleurs que dans l'histoire des phénomènes ; or, on sait que les traditions populaires se soucient peu de l'orthographe ; elles gardent soigneusement l'empreinte de l'idée, mais elles abusent des consonnances pour défigurer les mots. Un chroniqueur, en expliquant le proverbe, en fournit la preuve. — Il parait qu'on représentait la vie de saint Barthélemy, qui fut écorché vif. Un des acteurs qui remplissait le rôle du Saint, venait d'être attaché à une croix. Le bourreau arriva sur lui le couteau à la main, et s'identifia si bien avec son personnage, que le supplicié, par fiction, craignit de le devenir en réalité. Il se mit à crier de toutes ses forces ; ces cris inattendus et cette frayeur non simulée obtinrent un grand succès d'hilarité. L'acteur se nommait *Languille*. De là, et par extension, le proverbe.

C'est au temps de César et de Labiénus qu'il faut se reporter pour trouver l'origine de Melun ; Melun, cité sous le nom de *Melodunum* dans les *Commentaires* de César, était un château fort flanqué d'une petite ville. — Ville et château occupaient, comme Paris, dans son origine, une île de la Seine. Labiénus, lieutenant de César, s'en empara plus de cinquante ans avant J.-C., et en prenant possession, il appela la tour du château, *Tour de César*. Melun appartenait encore aux Romains, lorsque Clovis, qui venait chercher un royaume dans les Gaules, s'en empara en 540. — Depuis, et quoique Melun ne fût plus sous la dépendance des Gaulois sénonais, l'évêque de Sens empêcha Childéric d'élever à côté du vieux siége de saint-Potentien, un évêché qui pût lui porter ombrage. — C'est à Melun que Gontran et Chilpéric, quarante-trois ans après la conquête de Clovis, signèrent un traité de paix. — Philippe Ier est mort à Melun : Philippe-Auguste y a tenu sa cour ; c'est là qu'il reçut communication de la bulle du pape qui l'excommuniait en punition de ce qu'il avait répudié Ingelberge, sa femme, pour épouser Agnés de Méranie. Déjà Philippe Ier, mort à Melun, avait été excommunié par Urbain II, pour pareille conduite à l'égard de sa femme Berthe. L'excommunication de Philippe-Auguste frappait tout Paris : plus de messes, plus de vêpres, plus de mariages durant neuf mois ; l'excommunication s'étendait encore au-delà ; elle prétendait suspendre les œuvres du mariage, sous peine de péché mortel. — On concilie difficilement le respect de la bulle avec les naissances qui vinrent à la suite. Du reste, le roi paraissait ne pas s'en soucier ; fort amoureux de sa femme, il s'occupait médiocrement de son salut. — Melun fut gouverné par des comtes héréditaires au Xe siècle, et pris d'assaut par un comte de Troyes. — Nous passons sur l'histoire essentiellement locale de Melun, pour rappeler qu'Abeilard y tint long-temps cette école qui lui valut tant de popularité et de persécutions. La reine Blanche de Navarre fut, en 1350, châtelaine de Melun.

En 1358, Charles-le-Mauvais de Navarre s'en empara ; Bertrand Duguesclin le lui reprit deux ans après. Sous les ordres de Barbasan, Melun résista, en 1420, au roi d'Angleterre et au duc de Bourgogne, pendant quatre mois. Les Anglais, introduits par force dans ses murs, en furent chassés à la suite d'un coup de main et refoulés dans le château ; Charles VII compléta l'œuvre des citoyens de Melun, en expulsant l'ennemi de son dernier refuge. Plus tard la Ligue et la Fronde passèrent par cette ville, qu'Henri IV enleva aux partisans du duc de Mayenne. — Melun a payé largement son contigent aux invasions, aux guerres de parti, aux irruptions de Barbares ; peut-être ne serait-il plus sur pied sans sa situation et les avantages qui y ont toujours ramené les habitants. — Terminons ce sommaire historique en rappelant que Fouquet, le surintendant, fut seigneur de Melun, ainsi que le maréchal de Villars.

Melun n'a plus le château qui s'élevait sur la pointe occidentale de son île, et où l'évêque de Beauvais prononça la sentence d'excommunication d'Alexandre III, contre les moines de Cluny ; il lui reste seulement, en face de la place de la préfecture, le clocher de l'église paroissiale de Saint-Barthélemy, l'église de Saint-Aspais, monument gothique dont la partie postérieure projette de belles lignes, mais qui, dans son ensemble, à plus de singularité que d'harmonie. Dailleurs, Melun est une ville régulière, pourvue de beaux ponts et qui, regardée des deux rives de la Seine, est d'un aspect également agréable. Les quais sont couverts de jolies habitations au-devant desquelles se déroule un riche paysage dominé par les ruines d'un ancien couvent de Récollets.

L'église des Carmes est devenue salle de spectacle, gendarmerie, maison d'arrêt, palais de justice ; les bâtiment d'un couvent de Francisquines servent de dépendances à la maison centrale, les Récollets sont un hospice, les Bénédictins ont cédé la place à la préfecture, le couvent de Saint-Ambroise à la cavalerie en garnison dans la ville ; ces appropriations successives ont dépouillé Melun de son ancienne physionomie ; mais on s'en console vite en voyant ses lignes droites, ses quartiers neufs, égayés par le grand air et le soleil qui y pénètre de toutes parts. Melun possède un hôtel de ville dans le goût de la renaissance, dont M. Gilson est l'architecte constructeur ; c'est un édifice de belles proportions et d'un assez bon style. — Une bibliothèque de 10 mille volumes, la maison centrale de détention, une fabrique de sucre de betterave ; le château de Vaux, deux fois célèbre, par Fouquet son fondateur et par M. le duc de Praslin, chevalier d'honneur de la reine, son dernier propriétaire, mort sous le coup de l'accusation d'avoir assassiné sa femme, Mlle Sébastiani. Tel est, avec les casernes, les ruines ou les restes des anciens monuments que nous venons d'énumérer, ce que l'étranger à de mieux à visiter dans l'ancienne résidence d'Abailard.

AUX SOUVENIRS DE FONTAINEBLEAU,
Rue de France, 4, place au Charbon,

Mme MARCHAND,

Seule inventrice des Genevrines, Tabletterie en véritable Génévrier de la Forêt de Fontainebleau.

Grand assortiment de Tabletterie de tous les modèles, Boîtes à gants, à ouvrage, En—

criers, Paniers, Cannes, Objets de fantaisie, en bois de Genevrier.

Cartes et itinéraires pour visiter parfaitement le château et les sites qui l'environnent.

Albums recouverts en Genevrier et composés des plus jolies vues du palais et de la forêt.

Dragées genevrines composées avec les fruits du Genevrier.

Eau de Fontainebleau, aux fleurs de la forêt, contenue dans de jolis barils en bois de Genevrier.

Tient également, Parfumerie, Ganterie, Lingerie, Bonbons et Jouets d'enfants.

www.ingramcontent.com/pod-product-compliance
Lightning Source LLC
Chambersburg PA
CBHW070522100426
42743CB00010B/1911